Joseph VIAUD

Docteur en droit.

AF403348

Le Refus d'Obéissance à la Loi

BLOUD & Cⁱᵉ

LE
Refus d'Obéissance à la Loi.

LE REFUS D'OBÉISSANCE A LA LOI

PAR

Joseph VIAUD

Docteur en Droit

PARIS

LIBRAIRIE BLOUD ET Cie

7, PLACE SAINT-SULPICE, 7

1908

Reproduction et traduction interdites

DU MÊME AUTEUR

La Dictature. *Etude de philosophie sociale.* — 1 vol.
in-16. Prix : **2 fr.** ; *franco*................... **2 fr. 25**.

Le Refus d'Obéissance à la Loi.

Les circonstances diverses dans lesquelles nous avons vu l'autorité de la loi discutée et désobéie sont récentes et présentes à la mémoire de tous. C'est la résistance des catholiques aux inventaires d'églises, des officiers refusant un bas service, un lieutenant formulant jusque dans la Bourse du Travail des théories fort indépendantes, ailleurs une région de la France, pompeusement le Midi, pratiquant, au nom des intérêts viticoles, l'agitation, la grève des services publics, le refus de l'impôt, et dans ce même Midi les soldats du 17e régiment de ligne mettant crosse en l'air pour ne pas se heurter à des compatriotes rebelles.

Pourtant, en face de ce conflit des droits individuels contre la loi d'État, l'on doit hésiter à prononcer le mot d'actualité ; un tel problème est trop humain pour n'être pas ancien et toujours reproduit. Qui ne se rappelle l'admirable invocation d'Antigone ou la majestueuse définition de Cicéron sur cette loi éternelle qui domine et condamne l'ordre de toutes les tyrannies ? Ce serait un sujet d'étonnement de constater *qu'une vérité à ce point morale et nécessaire reste encore incertaine, si l'on ne savait par quels efforts la violence cherche à l'étouffer sous tous les sophismes. N'est-ce pas un génie grand comme Sophocle et Cicéron qui prêche l'abandon total du citoyen à l'État ? N'est-ce pas Platon lui-même qui dans son opinion contraire oblige Socrate à boire la ciguë afin que la loi inique soit obéie ? Et combien aujourd'hui restent les mauvais disciples de Platon, la plupart ne s'en doutant guère, quelques autres, tel un sénateur vite célèbre, avec une pontifiante affectation ? Enfin et malheureusement, le premier de ces platoniciens, n'est-ce pas le pouvoir lui-même quand, ordonnant l'injustice, ou même ordonnant le bien, mais sans nulle autorité morale, il ne sait que répondre : Je veux, je commande,* donc que tout soit soumis, *au nom de la Loi.*

Disons à notre tour de quelle manière la conscience, inséparable de l'intérêt général, nous prescrit cette obéissance.

I

Le droit de résistance chez les sujets.

Il importe que la loi soit respectée, comme aurait dit M. Prudhomme et comme dit aussi le bon sens. Qu'elle soit dure, désagréable, médiocrement avantageuse ou équitable, mieux vaut encore la supporter en attendant de la modifier par les voies constitutionnelles.

Il est une loi d'autre sorte, celle qui nous force d'agir contre le devoir : admettons comme démontré notre droit de refus. Quoi qu'en pense M. Lintilhac (1), même quand la loi a parlé, la conscience crie plus haut et nous laisse la préférence de la douleur et du sacrifice.

(1) « Il n'y a pas de conscience en face de la loi. » (Sénat, séance du 23 février 1906.) Le maire Bailly avait fait la même réponse aux prêtres refusant par conscience de prêter le serment schismatique. Et voici la conséquence logique et atroce tirée par Rétif de la Bretonne à propos des massacres de septembre : « Quand une société ou sa majorité veut une chose, elle est juste ; la minorité est toujours coupable, eût-elle raison moralement. » Et à propos de l'exécution de Louis XVI : « La nation peut tout chez elle, même perdre un innocent. » (*Nuits de Paris*, XV°.)

Donc les martyrs n'ont pas tort. Mais il ne s'agit pas ici de choisir entre le martyre et l'obéissance. Une troisième solution nous paraît la meilleure : c'est de désobéir, mais au lieu de martyre, de nous défendre et de nous sauver.

Y a-t-il des lois qui pour des catégories de citoyens ne sont que des hors la loi ? Non pas passagères et accidentelles, mais réfléchies, méchantes à dessein, sans espoir plausible d'amélioration ; non seulement dures, mais telles qu'elles mettent à la discrétion du fort les biens les plus essentiels, la vie, la liberté, la propriété, la conscience, l'honneur, la patrie et l'intérêt public ? Si oui, avons-nous le droit de nous faire juges en notre propre cause et d'en appeler à la révolte ?

La partie la plus facile serait de montrer que ces cas de tyrannie atroce ne sont pas hypothétiques. Faut-il rappeler les fureurs d'un Caligula ou d'un Néron, les soixante-dix mille supplices de catholiques et de protestants ordonnés par Henri VIII, les souffrances des nationalités opprimées, Irlande, Grèce, Pologne, chez nous la Saint-Barthélemy, les noyades, la Terreur ? C'est l'histoire tout entière qui au tour de chaque peuple et de chaque pays viendrait témoigner contre la férocité humaine.

Pareils excès mettent les sujets, quels qu'ils

soient et quoi qu'il advienne, en état de légitime défense ; ils ont le droit imprescriptible de ne pas périr, d'user de tous les moyens efficaces, et les multiples objections soulevées contre la révolte se brisent devant cette raison de protection personnelle. Si la résistance est juste contre le voleur et l'assassin, ils ne deviennent pas soudain respectables parce qu'ils s'appellent le roi ou la loi. Un fétichisme monstrueux pourrait seul nous contraindre à nous faire par notre résignation les bourreaux de nous-mêmes, tandis que notre misérable ennemi, du haut de ce piédestal d'impunité dressé par nous, jouirait de voir les victimes adorer sa barbarie. Ne soyons pas fétiches pour notre immolation, et comme le danger n'attend pas, comme nul appel et nul secours n'est possible, il faut hardiment s'en fier à nous-mêmes, à notre jugement, à notre énergie, à notre violence.

Ici pourtant se fait entendre la voix des hésitants. Accorder aux sujets de juger leur souverain, c'est laisser une solution délicate à des critiques intéressés et partiaux ; appréciateurs en ce qui les concerne, comment ne seraient-ils pas portés à se dire victimes, et quand ils le sont, et bien plus souvent quand ils ne le sont pas ? Le meilleur prince sera toujours un tyran pour quelques-uns ; cependant les tentatives sans motif

seront toujours possibles si une seule fois l'on
a concédé le principe. Céder tant de liberté à
l'appréciation individuelle, c'est donc sanction-
ner dans l'État l'anarchie sans fin et, sous prétexte de morale et de défense, ruiner l'intérêt
général.

A cet argument qui a sa valeur, il n'y a qu'un
mot à répondre. Si la raison de chacun est
incapable de juger des cas où la défense est
légitime, s'il vaut mieux consentir sa propre
destruction afin de ne pas donner un spectacle
imprudent, il arrive qu'on annihile jusqu'au plus
sacré des droits, le droit de vivre. Sinistre et
tranquille, un Carrier pourra ordonner ses héca-
tombes. Une théorie qui en vient là est con-
damnée. Platon fait dire à Socrate mourant
qu'il ne faut pas, en violant une loi injuste, au-
toriser les citoyens à violer les lois justes.
Retournant cet implacable sophisme, nous
penserions : quand le respect des lois justes doit
aller jusqu'à la coupe de poison, mieux vaut
que Socrate innocent évite les lois injustes, dût
son exemple amener quelque dédain des lois
justes.

Le droit est inséparable de l'abus ; mais si l'on
ravit le droit sous prétexte d'abus, c'est encore
le pire des abus que cette injustice. Laissons
donc aux citoyens leur droit avec ses dangers et

ses risques et gardons ainsi l'espérance d'un moindre mal.

Quand les clients de Fouquier-Tinville, liés sur la charrette fatale, étaient conduits au supplice, avaient-ils le droit d'appeler au secours ? Et des Parisiens courageux avaient-ils le droit d'opérer leur délivrance ? Certains diraient non, parmi ceux-là surtout qui dirigeaient la charrette. Car, il est bon de le remarquer, les tenants de l'obéissance à tout prix n'apportent guère à leurs idées le témoignage de leur propre égorgement. Socrate excepté, c'est contre les autres, contre leurs adversaires surtout qu'ils expérimentent, *in anima vili*. A part ces exaltés sans héroïsme, beaucoup de ceux qui inclinent à la soumission passive hésiteraient peut-être à rester logiques.

C'est donc qu'en dépit des objections et des dangers, ils permettraient aux victimes de se faire leurs juges et d'appeler la force à garantir leur droit. Dès lors le principe est concédé et s'applique aussi bien à des cas ressemblants de tyrannie. Car ce n'est pas à la vie seulement que nous avons droit, mais à la jouissance de tous ces biens dont la privation menaçante rendrait intolérable la vie elle-même : libre pratique de la religion, liberté individuelle, famille, sécurité.

Il n'y a plus qu'une question de casuistique à résoudre : dans une hypothèse donnée, la tyrannie est-elle assez forte pour que la révolte, malgré ses dangers, soit légitime et désirable ? L'on comprend que les difficultés particulières soient considérables : de quelque manière qu'on les tranche, largement ou sévèrement, c'est le principe seul qui nous importe en ce moment.

Ces objections elles-mêmes, par lesquelles le droit de révolte est contesté, ne laissent pas que d'être regardées avec des verres très grossissants. Rappelons d'ailleurs qu'elles ne prévaudraient pas, quelle que fût leur force. L'effet en serait que la révolte est un terrible moyen auquel la légalité est préférable, quand la légalité suffit. Cette vérité n'est niée par personne. Mais quand, tout calculé et pesé, l'espérance paraît vaine, quand la résistance reste l'*ultima ratio* du droit, alors il n'y a plus de scrupule à garder en face d'éventualités redoutables.

De même il n'y a pas à distinguer entre notre propre mal et celui d'autrui, car s'il est permis de nous défendre, il est aussi juste et plus généreux de secourir les autres ; ni à savoir si nous sommes la minorité ou le nombre, car une minorité innocente périrait s'il fallait attendre que les masses ne soient plus malveillantes ou indifférentes ; ni enfin à se préoccuper du bien général lui-même qui ne doit pas s'opérer contre nous puisque notre bien propre en est une part.

C'est intentionnellement que nous avons supposé excessifs les dangers de la juste révolte pour l'État, mais ils vont rarement au pire. Ne craignons pas outre mesure l'anarchie perpétuelle et sans recours. Nous sommes bien les juges de notre situation en face d'un agresseur, et pourtant l'on ne voit pas sans cesse les citoyens frapper des malfaiteurs imaginaires. Quoique la guerre ne soit que le droit pour les nations de se faire justice, et malgré tous les abus qu'elle abrite, les peuples connaissent encore des périodes de tranquillité. Ainsi des conflits entre les sujets et le souverain.

Passons une revue des différents résultats de la lutte.

La révolte est justifiée et elle réussit, soit qu'elle renverse le pouvoir, soit qu'elle le force à s'amender : alors on ne peut que se réjouir de ce résultat heureux. La révolte est justifiée, mais échoue, et la tyrannie s'aggrave encore : ce malheur a dû être prévu et constitue la part inévitable des risques ; cependant on a préféré les courir pour échapper à l'oppression présente. La révolte réussit quoique sans motif légitime ; certes le tort est grand, mais n'est-ce pas le sort de l'humanité de marcher malgré les accidents et les misères ?

Bien plus souvent, si le pouvoir est sage et

s'il est fort, deux qualités qu'on est en droit d'exiger ; mieux encore, si les citoyens en masse sont éclairés, honnêtes, dévoués, c'est-à-dire si la nation est saine, ce n'est pas la profession d'un principe aussi moral qui la mettrait en danger. La loi dominera sans peine les séditieux qui, de bonne ou de mauvaise foi, mais sans raison, provoqueraient une révolution. Ceux-ci s'apercevraient vite de l'inanité de leurs tentatives, et mécontents, faibles, isolés, ne seraient pas redoutables pour l'Etat. Resterait d'un côté un esprit de rébellion, de l'autre une force sage capable de la dompter, la meilleure assurance en somme de l'ordre et du progrès.

Croirait-on le spectacle plus beau là où règne le culte de l'obéissance aveugle ? En haut la sollicitation au despotisme le plus violent par la croyance à l'impunité. Or le despotisme est une anarchie aussi, que de pareils principes risquent fort de rendre perpétuelle. En bas est un peuple stupide, sans énergie et sans intelligence, ne sachant que souffrir et mourir pour une idole. Quelles promesses de prospérité, de progrès ou même seulement de tranquillité. Car les citoyens ne sont pas plus à l'abri de ces agitations tant redoutées. L'obéissance a beau être enseignée et reçue comme un dogme, l'exaspération, fatiguée d'être contenue, fait explosion

et les révolutions éclatent d'autant plus violen-
tes, inexpérimentées, irraisonnées, désordon-
nées. Rares sont les pays où le despotisme
dégradant et sanglant n'est pas tempéré illégale-
ment par l'anarchie et les émeutes. On l'a vu à
Rome, on l'a vu à Byzance sous les empereurs,
on l'a revu dans la nouvelle Byzance des Otto-
mans, dans la Russie du XVIIIe siècle, avec ses
tragédies de palais, ses dépositions et ses égor-
gements de souverains.

Permettre la révolte, c'est assurément affaiblir
le respect du pouvoir et semer des germes de
rébellion. Quoi qu'on fasse, il y aura toujours
des gens qui se diront persécutés. Mais dans ce
résultat nous voyons du bien avant d'y voir du
mal. Trop de vénération serait beaucoup plus
nuisible. Tandis que, suivant nos principes d'un
souverain responsable, même discuté, il y a tendance vers un équilibre harmonieux par la satisfaction des droits de chacun. Pays et gouvernement se rapprochent dans une communauté
d'intérêts qui atténue les causes de conflits. Il
n'y a plus aux deux extrémités un despote
impérieux et des sujets prosternés ; le gouvernement se sent surveillé par une nation fière,
honnête, éprise de justice et consciente de ses
droits, de sorte qu'il se moralise lui-même et se
sent obligé de contenter des désirs légitimes. Il

a donc toute chance d'éviter ces crimes par lesquels il se compromettrait et se détruirait. Bien des désordres seront ainsi supprimés par la raison préventive de la révolte permise, loin qu'elle mène à la ruine un peuple incapable de souffrir la tyrannie.

La révolte a cela de bon qu'elle a besoin de faire appel au sentiment du droit et de la justice. Là est déjà la supériorité du système. Quand en fait elle aurait tort, elle rend hommage à la vertu, elle en parle toujours un peu le langage, elle contient des promesses d'avenir. Dans l'obéissance à tout prix, rien. De sorte qu'il advient ici ce qui ne manque guère ailleurs : le meilleur principe de l'harmonie sociale, c'est le principe le plus moral, c'est-à-dire le seul moral.

II

Les agents de l'autorité et les limites de l'obéissance.

Si les sujets ont le droit de repousser par la force une odieuse tyrannie, en dépit d'objections et de dangers graves, il n'y avait pas lieu d'en excepter les fonctionnaires eux-mêmes. Ceux-ci ont beau devoir aux lois l'exemple d'une soumission plus rigoureuse, ils sont des hommes, ils en possèdent les droits inaliénables, et contre un certain degré de violence, toujours susceptible de les frapper, il n'est pas de respect ou d'obéissance qui tienne. Leurs serments de loyalisme, exprimés ou tacites, ne les engagent pas à un injuste sacrifice. Sur ce thème rien de nouveau n'est à dire.

C'est sous un autre aspect, assez différent, qu'à leur égard se pose le problème de l'obéissance. Dans les Etats tyranniques le danger or-

dinaire pour eux, ce n'est pas de subir les coups
de la violence, c'est, par devoir professionnel,
d'en être les exécuteurs. La contrainte quoique
d'un caractère moral, est bien une tyrannie,
car s'il est intolérable d'être persécuté, il l'est
tout autant de se faire bourreau à contre-cœur.

Les politiques et les moralistes peu moraux
que nous avons vus proclamer l'omnipotence de
la loi et nier tout droit aux citoyens ne s'embar-
rasseront évidemment guère de savoir si un commandement est juste et si des fonctionnaires
ressentent des scrupules. Exécutant une variante
sur le même fond, ils diraient que l'acceptation
d'emplois publics implique l'approbation de
toutes les lois et de tous les ordres actuels et
futurs, attendu que le gouvernement a le droit
de compter sur une exécution fidèle. Mais qu'il
s'agisse de militaires, les arguments redoublent
sinon de force, au moins de brutalité. C'est l'affirmation de la supériorité du pouvoir civil, la peur
d'une dictature militaire, la nécessité d'une soumission prompte et sans réserve à l'ordre hiérarchique par raison d'intérêt public présenté
sous son aspect le plus noble, la patrie.

Rien de plus impérieux et de plus moral que
cette exigence quand l'autorité est digne d'elle-
même ; rien aussi de plus hypocrite quand un
pouvoir sans probité tyrannise ses agents sous

la forme d'un chantage patriotique. La première victime en sera cet officier qui par conscience ou sentiment d'honneur, pris d'insurmontable dégoût, refuse d'enfoncer une porte d'église ou de couvent. Celui-là est un romain et dans certaines bouches ministérielles, expertes en l'art des suppositions perfides, il faut entendre sous ce nom de romain un patriote suspect en état de connivence morale avec l'ennemi. Admirable préoccupation de susceptibilité nationale chez des politiques dont l'action semble dirigée à rebours de l'intérêt national !

La vérité est qu'il advint, un peu en tout temps et en tout lieu, que les ordres légaux furent l'atrocité même. Et conformément à nos fermes principes, cette condition suffit pour que nous permettions la désobéissance aux exécuteurs, fussent-ils des militaires, de simples soldats, de rigides gendarmes.

Des théologiens et des casuistes pensent que les actes du fonctionnaire peuvent parfois ne pas engager la responsabilité de l'homme. Ce que l'État demande, ce n'est pas un compte des convictions personnelles, une preuve d'abjuration, c'est d'être l'instrument neutre qui exécute la volonté d'un autre. Dès lors, l'acte du fonctionnaire n'est plus son acte moral, il ne le fait pas sien quand dans son for intérieur il le repousse.

Nous n'avons rien à reprocher à cette doctrine. Observons seulement qu'elle n'influence en rien notre discussion. De ce que certaines soumissions restent permises, la question est entière de savoir si nous n'avons pas mieux le droit de les refuser. Il nous est impossible de critiquer des consciences délicates qui sont plus rassurées par la seconde alternative. Et puis l'honneur, l'amour-propre bien dirigés sont de nobles stimulants des actions humaines, et moins accommodants parfois que la morale, ils imposent la désobéissance.

A l'occasion de multiples incidents militaires amenés par une politique provocante, M. Jules Cauvière, dans un article substantiel (1), a prouvé par des exemples et des citations célèbres que l'obéissance militaire a ses limites et que des juges impartiaux ne contredirent aucune loi en acquittant MM. les lieutenants Portier et Bois-fleury.

En acceptant cette conclusion, j'hésiterais cependant à produire certains arguments du savant criminaliste. M. Cauvière incline à penser qu'en rassemblant les divers usages, traditions, textes et règlements de la vie militaire, on arriverait à tirer une législation restrictive

____

(1) *Correspondant,* 25 janvier 1907.

des devoirs d'obéissance. Hors les conditions du service, hors les règles de l'honneur, et surtout hors la conscience, le soldat redeviendrait son propre maître. C'est donc appuyés sur quelque motif de loi que les conseils de guerre, après examen des faits, auraient prononcé ces acquittements qui produisent chez nous la satisfaction et chez d'autres la colère. Or de ceci nous sommes moins certain. Acquitter sur cette raison des officiers accusés de désobéissance, c'est par contre-coup condamner le commandement : et l'État admettra-t-il jamais que par la reconnaissance d'une telle loi, les tribunaux aient toute liberté de le déclarer lui-même odieux ? Bien imprudent serait-il s'il installait un texte évasif qui lui verserait sur la tête ses propres vilenies. C'est quand il a tort surtout qu'il s'applique à crier son bon droit. Et voilà pourquoi loin de se laisser dire par la justice que des officiers désobéissants furent gens de conscience et d'honneur, nous croirions plus volontiers que les textes législatifs, et depuis longtemps, s'efforcent de fermer aussi rigoureusement que possible les voies de la justification. Et si des issues restent ouvertes par où s'échappent des acquittements, c'est bien plutôt malgré la loi. La cause en est que les conseils de guerre étant appréciateurs du fait comme du droit, ils n'ont aucun compte à rendre d'un verdict négatif. Vraisemblablement la loi contrariait les juges de Nantes plus qu'elle ne les appuyait, mais ils estimèrent que la morale et l'honneur, plus forts que la lettre du code, leur présentaient, dans les accusés, des innocents.

Concluons donc ; ce n'est pas sur de très fragiles arguments légaux, susceptibles de s'évanouir demain, qu'il faut justifier la désobéissance des officiers catholiques, c'est sur des raisons de morale, de devoir, de fierté. Elles gardent toute leur force, soit que la justice militaire les accueille, soit qu'elle les dédaigne. Car si elles sont la dernière ressource contre des ordres méprisables et tyranniques, cette ressource du moins ne trompe jamais.

Ne sentons-nous pas comme de l'indignation et de la honte à voir nier ou contester la légitimité du refus devant certains ordres. Car enfin ces ordres vont aussi loin que peut rêver la barbarie humaine et qui dira jamais où elle s'arrète. Et les pires adversaires du droit individuel, ceux qui n'en veulent pas maintenant et chez nous, devant certains spectacles de l'histoire, seraient peut-être bien gênés ; mais c'est leur condamnation d'aller jusqu'à imposer les exécutions les plus terribles ou de désavouer leurs doctrines.

Diront-ils qu'un soldat doit l'obéissance, si un

gradé grand ou petit lui ordonne d'égorger un enfant à la mamelle ? de commettre un parricide ? un viol ? de se suicider ? Voilà pourtant ce qu'il faut admettre et voilà comment obéissaient les séides du Vieux de la Montagne, les hordes mongoles, les muets du sérail. Ils n'étaient pas des logiciens savants à la manière de nos légistes, mais leur logique n'en était pas moins parfaite.

Durant la guerre d'extermination faite à la Vendée par la Convention, Kléber, Marceau, Haxo, Canclaux, les meilleurs chefs républicains, sont restés purs de massacres et les ordres pourtant ne manquaient pas. Il advint même, quoique bien rarement, que de simples soldats s'honorèrent par des refus qui sauvaient la vie à des femmes, à des enfants. Un général républicain racontant plus tard à son collègue le général Dumas, père du romancier, les horreurs sans nom que le devoir militaire l'avait forcé d'accomplir, s'attira cette réplique : « Moi, plutôt que de m'en faire le complice, je me serais brûlé la cervelle. » Encore la vraie solution n'est-elle pas là. Il y a mieux à faire que d'essayer au prix d'un suicide une conciliation entre le respect de l'autorité et les devoirs de l'honnête homme. Qu'il ose se mettre du côté des victimes et qu'il brûle plutôt la cervelle au donneur de ces ordres inhumains.

En 1815, après le second retour des Bourbons, le général Mouton-Duvernet, accusé de défection bonapartiste, déclare qu'un soldat doit obéissance à la loi, et puisque Louis XVIII est rétabli il va faire sa soumission. La soumission, c'était la mort menaçante, et en effet il fut passé par les armes. Nous dirions la répétition même du procès de Socrate, si les derniers jours du général ne le montraient plus beau encore d'héroïsme et de résignation chrétienne. Malgré tout, notre préférence n'est pas pour ces martyres où notre âme admire, mais où le sens de la justice est froissé. Nous trouverions mieux que le général proscrit ait persisté à fuir le coup mortel. Sans examiner s'il le mérita par des fautes passées, c'était le droit du pouvoir de sévir, mais aussi le droit du coupable de ne pas y aider.

En 1823, lors des débats parlementaires qui précédèrent l'expédition d'Espagne, un pair de la gauche, le duc de Broglie, discutant le cas de résistance à la tyrannie, dit que l'admiration des hommes doit accompagner ces rebelles qui ont mérité le nom de libérateurs. Vérité magnifiquement prouvée dans ce moment même par l'exemple des héros de l'indépendance hellénique. Chateaubriand, pair de la droite et ministre des Affaires étrangères, répond par les objections banales sur les dangers

des révolutions et les erreurs des libres opinions.

Relevons à ce propos un jugement dicté sous
le coup d'une prévention fréquente chez les
hommes d'État. Ils n'examinent le principe de
la révolte qu'en fonction de l'application unique,
cause du débat ; et comme ils jugent cette révolte
injuste, instinctivement ils condamnent toutes
les révoltes. Ils croiraient se compromettre et
s'affaiblir si, admettant une légitimité possible,
ils se contentaient de dire qu'elle ne l'est pas
dans le cas présent. Lequel cependant, mieux
que Chateaubriand, semblait devoir échapper à
cette contagion ? Même devenu ministre, il se
piquait de rester penseur et poète et de mettre
dans la politique beaucoup d'idéal, ce qui ne
saurait être blamé. Mais il avait fait de la guerre
d'Espagne sa grande pensée, l'année précédente
avait été agitée de perpétuels complots militaires,
et les révolutionnaires comptaient toujours sur
la défection de l'armée engagée au delà des
Pyrénées. Et c'est pourquoi il n'osa pas soutenir une thèse qui allait si bien à son talent, évo-
quer la Grèce antique et la Grèce nouvelle, dire
seulement que le roi de France n'était pas un
oppresseur qui autorisât la rébellion. L'honneur
de proclamer les vrais principes revint à un
opposant parce qu'étant désintéressé, il ne s'in-

quiétait pas de la répercussion possible sur les affaires d'Espagne.

En 1834, le duc de Broglie étant le ministre d'un autre roi, un député se plaint de la rudesse du commandement exercé par le maréchal Soult. Une voix interrompt : « L'armée doit obéir d'abord. » C'est le général Bugeaud qui a parlé. Un député de la gauche, M. Dulong, demande si l'interrupteur est d'avis qu'un soldat pousse l'excès de discipline jusqu'à se faire le bourreau d'une duchesse. A cette allusion frémissante, le général riposte par un coup mortel suivant sa coutume, car il n'avait pas le duel heureux pour ses adversaires. Mais tuer n'est pas répondre et Bugeaud aurait dû sentir que certaine aventure passée le mettait en trop délicate posture pour affirmer l'obéissance militaire. Ce thème non plus ne devait pas le voir heureux. Dans quelques mois il va se trouver compromis, peut-être injustement, comme exécuteur des meurtres de la rue Transnonain ; mais déjà, et non à tort, il subissait la tache, mal lavée par sa future gloire africaine, d'avoir exercé, suivant un terme du Code, les fonctions de curateur au ventre de Madame.

On dirait qu'un malin génie ait voulu venger la prisonnière de Blaye des rigueurs de l'obéissance passive en mettant ses ennemis aux prises avec le principe. Après Bugeaud, c'est Saint-Arnaud, son aide-geôlier. A la veille du coup d'Etat de Décembre, lors de la célèbre proposition des questeurs, le ministre de la guerre, qui avait sa pensée, nia aux militaires le droit de discuter la légalité des ordres.

Il semblerait que le conflit ne soit plus ici qu'entre deux lois positives, mais en réalité il reste moral. La loi irraisonnée, inexorable, l'équivalent de la loi positive, c'est la consigne ; et si le soldat hésite, éprouve des doutes, discute la question de légalité, c'est que du côté de la constitution il voit la conscience, le devoir et l'honneur, donc la loi morale. Et tel est bien en effet l'argument de ceux qui, en pareil cas, refuseraient l'obéissance.

Ce refus est-il légitimé par la loi ? Théoriquement oui, par la raison fort évidente que la loi ne peut désavouer ceux qui combattent pour elle contre ceux qui la violent : en pratique les militaires défenseurs de la loi auraient tort ou raison selon le parti qui l'emporte, et par conséquent en Décembre ils auraient eu tort. Mais au point de vue de cette morale dont les solutions ne dépendent pas du succès, nous admettons comme parfaitement juste que la consigne soit désobéie quand elle est illégale. Et le gendarme connaissant la loi, comme après tout c'est son droit, pourrait toujours sous sa responsabilité, et quitte à ne pas se tromper, refuser son concours à l'exécution. Car ce n'est pas nous qui lui interdirions une opinion dont il est fort capable. Et pour ne citer qu'un exemple, est-il donc si difficile de savoir que le domicile d'un citoyen ne doit jamais de nuit être forcé par la police ? L'agent qui justifierait ainsi sa désobéissance ferait son devoir avec intelligence et courage.

L'insurrection fédéraliste de 1871 a été suivie d'une répression sanglante dont le souvenir vit au cœur du prolétariat parisien. Ces exécutions en masse engagent d'abord la responsabilité de ceux qui les ordonnèrent, et tant mieux pour eux s'ils peuvent établir qu'elles furent justes, légales et nécessaires. Mais s'il est des militaires auxquels ces ordres de mort parurent injustes et cruels, nous manquerions à tous nos principes si nous leur interdisions la désobéissance. Nous savons que beaucoup de misérables furent discrètement épargnés par les troupes ; ce qui, à notre connaissance ne s'est pas vu, ce que nous aurions vu avec satisfaction, c'est la résistance opposée par des inférieurs à ces exécutions sommaires, barbares toujours, et dont la légalité elle-même n'est pas démontrée.

Le cas du major Labordère est en passe de devenir classique. A l'exemple de ces traits qui ornent les Vies de Plutarque, il sera cité comme

un exemple de courage civique pour l'édification
des nouvelles générations républicaines. Sup-
posant que le maréchal Mac-Mahon méditait un
coup d'Etat militaire, en décembre 1877, il déclara
publiquement qu'il refuserait son concours à la
violation de la loi. C'est fort bien parlé, à
condition cependant d'avoir raison dans le cas
présent, car il est insuffisant de formuler une
règle juste, il faut aussi l'appliquer bien, et tout
indique que le major Labordère calomnia les
intentions du maréchal. Le chef d'État qui se
plaisait au titre de soldat loyal n'entendait pas
le faire mentir au lendemain du 16 mai et sous
le coup d'un lamentable échec.

Sur ce terrain, les amis et les partisans du
maréchal pouvaient attaquer avec succès l'acte
du major Labordère. Mais quelques-uns au moins
n'étaient pas défavorables à ces idées d'un coup
d'État et ne voyaient pas sans quelque plaisir
ces intentions prêtées au gouvernement. Et
c'est pourquoi la droite, commettant une confu-
sion déjà signalée entre le principe et le fait,
parce que son adversaire avait tort, prétendit
l'écraser sous la raison d'une discipline indiscutable. Elle ne commettait pas seulement une
erreur, mais cette faute toujours grave pour un
parti de désavouer sa propre doctrine. Nourris
de traditions monarchiques et parlementaires,

la plupart des conservateurs étaient les hommes
de la légalité et de la modération. Ils avaient
blâmé le coup d'État de Décembre, même
avaient regretté les Ordonnances de Juillet,
et sous l'Assemblée nationale n'avaient cessé
d'affirmer la subordination de la force armée au
pouvoir des lois. Et maintenant ce qu'ils dé-
fendent sous couleur d'une obéissance inflexible
aux chefs militaires, ce sont les théories de Saint-
Arnaud qui mèneraient droit à un nouveau coup
d'État monarchiste.

Rendu aux honneurs après avoir été à la
peine, et nommé en 1882 sénateur de la Seine,
Labordère continua de s'illustrer par une proposition de loi tendant à définir et limiter les
conditions de l'obéissance dans l'armée (1). Ce
fut un désagrément pour le parti républicain
arrivé. Le Sénat, qui contenait encore peu
d'éléments avancés, fit mauvais accueil à un
projet paraissant presque anarchique et anti-
militariste. C'était beaucoup trop de sévérité. La
personnalité de l'auteur pouvait être discutable ;
d'autre part la rédaction d'une semblable for-
mule est fort délicate et la première condition
est un esprit d'impartialité qui, probablement,

(1) *Journal Officiel*. 1882. Sénat. Documents politiques,
p. 310.

aurait manqué. Malgré tout, l'idée était juste et il est fâcheux qu'elle ait été abandonnée aux partis extrêmes qui ne devraient pas avoir le monopole de la hardiesse quand la hardiesse n'est simplement que de la probité. Qui sait si une pareille loi n'aurait pas été plus tard une protection aux honnêtes gens, tout au moins pour l'opinion, un encouragement à les soutenir.

Et maintenant l'on a deviné notre avis dans l'affaire des officiers, rebelles aux inventaires. Il ne s'agit que de savoir si l'opération exigée était susceptible d'offenser la conscience, la dignité, l'honneur. Enfoncer les portes d'une église, bousculer et frapper des femmes et des enfants, trouver là peut-être des parents, offenser les lieux où l'on a prié soi-même, sont des actes que nous plaçons fort bas dans l'échelle de l'horreur et du dégoût. Les conseils de guerre l'entendirent ainsi et le plus souvent acquittèrent les officiers comme ils auraient, j'espère, acquitté le dernier soldat du régiment. Le cas ne s'est pas présenté, mais tout laisse supposer qu'elle est gratuite cette accusation d'avoir favorisé l'officier par esprit de caste. Ce qui emporta l'acquittement ce n'est pas le rang, c'est l'acte.

Les séditions militaires survenues durant l'agitation méridionale ne devraient pas non plus être condamnées à la légère. Les renseignements sur les mutineries d'Agde étant plus confus, contentons-nous de dire qu'il faudrait écouter les raisons des rebelles. Étaient-ils exposés à charger, à combattre, à tuer des parents, des amis, des compatriotes ? Si oui, dans cette situation horrible, la raison d'obéissance et d'ordre public touche peu et l'on conçoit que des soldats à leurs risques et périls aient préféré être rebelles que fratricides. C'était dire à M. Clémenceau qu'il avait tort d'employer à des opérations de rude police des enfants du pays et la leçon était juste.

On n'a pas oublié le langage de ce colonel de la région du Nord encourageant ses propres troupes à lui désobéir si l'ordre était déraisonnable. Langage après tout beaucoup plus moral que celui débité tous les jours par nos gouvernants, car il est juste au fond et pèche surtout par une forme intempérante. Un chef doit savoir s'affirmer et ne pas laisser supposer qu'il donnera des ordres injustes. Ce qui aurait tout concilié, c'était d'assurer que son commandement serait toujours moral et que ses subordonnés n'auraient pas à redouter une discipline tyrannique.

III

Les agents de l'autorité et les limites de l'obéissance.

(*Suite*)

Quand le droit est trahi par tant de philosophes, de légistes, de politiques, il nous est agréable de mettre en regard les opinions courageuses. Nous avons déjà cité M. Cauvière. MM. Vidal(1) et Garraud (2), autres criminalistes, envisageant l'hypothèse où l'autorité commande un délit, pensent que l'ordre hiérarchique ne couvre pas nécessairement la responsabilité du subordonné et que celui-ci peut être reconnu coupable. Voilà qui va plus loin que nous qui nous étions abstenu d'envisager la question sous cet aspect. Nous avions dit seulement qu'on avait le droit de désobéir à certains ordres ; ils

(1) Vidal, *Droit criminel*, 1903, p. 294.
(2) Garraud, *Droit pénal*, i, p. 413.

en font un devoir sous peine de crime. Pratiquement il peut arriver qu'aux yeux du pouvoir les réfractaires se compromettent davantage et qu'ils soient punis pour refuser d'être coupables. Nous n'en voyons pas moins dans cette doctrine un encouragement à la vertu civique. Est-ce excès de sévérité pour qui a trop bien obéi ? Non, et je ne regretterais pas de voir traiter ainsi un gendarme qui sur l'ordre d'un nouvel Hérode aurait accompli un massacre d'innocents.

Et remarquons qu'en permettant la désobéissance, nous n'entendons pas désarmer le pouvoir et rendre toute administration impossible. On ne le soumet pas à respecter l'avis de toutes les consciences individuelles, ce qui serait l'excitation à l'anarchie pure. Ce serait aussi supposer que le bon droit est toujours avec ceux qui parlent conscience et révolte, tandis que la chose est seulement possible. Tout simplement nous constatons l'existence d'un conflit où chaque parti revendique son droit. L'État n'a pas raison d'avance et toujours parce qu'il est l'État ; nous le blâmons parce qu'il dit : soumettez-vous au nom de l'ordre hiérarchique qui jamais ne doit être violé ; il parlerait au contraire fort bien ainsi : Je suis la force, mais je suis aussi le droit ; il vous convient d'avoir des scrupules et des délicatesses, mais je ne cède pas à des considérations inexactes ; vous obéirez à mon ordre juste, ou bien vous serez frappé. A son tour, que l'autorité parle bien ou mal, un subordonné sachant son devoir et acceptant le risque est autorisé à répondre : Faites agir vos raisons, vos tribunaux et vos lois, vous me brisez, mais je ne plie pas devant vous, et sous votre condamnation je reste fier, droit et debout.

On dira peut-être que dans la pratique les conclusions sont terriblement pareilles, la question de bon droit étant tranchée par la raison du plus fort qui n'est pas toujours la meilleure. Mais n'est-ce pas le dernier terme de la conduite humaine que les questions de droit, bien ou mal, soient en définitive résolues par la force ? On ne peut pas obliger l'Etat à se suicider et, dans le conflit qui s'élève avec ses agents, le contraindre à reconnaître ses torts.

Malgré tout, à poser ainsi la discussion, on aurait gagné un inappréciable avantage. L'autorité serait soumise à justifier ses mesures, et toute fière qu'elle soit de sa puissance matérielle, j'imagine qu'elle ne pourrait impunément tout oser. S'il lui fallait démontrer que l'exécution des lois anticléricales contre des églises et des couvents est un travail honorable, nécessaire, militaire, elle ressentirait bien à la longue quelque désagrément de son rôle. L'opinion encouragée accomplirait, non sans besoin, son éducation morale. Elle ne resterait plus figée dans cet égoïsme de l'ignorance et de l'indifférence qui lui fait condamner le vaincu sur la seule raison qu'il a désobéi. Elle voudrait au moins entendre les motifs de celui qui prétend en donner. On a le droit de se montrer sévère sur ces motifs, mettre à la charge de l'insoumis le fardeau de la preuve, mais ils restent cependant l'élément de pareils procès. Le gouvernement aurait beau être la force et la force injuste, contrôlé et critiqué par une opinion clairvoyante et honnête, dont il n'éviterait pas le blâme, il se réformerait faute de pouvoir faire autrement. Car il faudrait nier tout optimisme, l'effet des mœurs, la vie elle-même, pour ne pas espérer l'amélioration de la loi après l'amélioration de la société.

« La discipline faisant la force principale des armées, il importe que tout supérieur obtienne de ses subordonnés une obéissance entière et une soumission de tous les instants. » Cette théorie fondamentale de la profession militaire est digne de toute approbation. Le but à réaliser est si noble, si grand et si important qu'il exige les plus absolus sacrifices. L'obéissance ainsi décrite en est la forme magnifique. Il la faut prompte, résolue et complète, puisqu'à ce prix seulement elle atteint son maximum d'avantages.

Mais cette rigueur, fondée sur le motif du bien
public et du patriotisme, suppose qu'elle leur
profite ; à quoi bon, si elle leur nuit, une discipline
toute militaire. Dès lors elle reste au fond volontaire, conditionnelle et subordonnée à la convic-
tion qu'elle n'est pas néfaste : à moins de dire
qu'il importe au salut de la patrie d'obéir toujours, sans exception et sans critique, toute
appréciation personnelle nuisant à la promp-
titude des ordres et la désobéissance étant une
occasion de scandale. Espérons que là n'est pas
le sens de la fameuse phrase du manuel militaire ;
ou alors je doute qu'elle ait été puisée aux
leçons d'un Frédéric, d'un Napoléon ou d'un
Molke. La discipline fait la force principale des
armées, mais la soumission pour la soumission
et pour l'exemple d'une soumission pareille chez
les autres, loin d'être le dernier mot de la défense et de la grandeur d'un pays, après avoir
provoqué les déshonneurs et les crimes individuels, le mènerait droit aux désastres et à la
ruine.

Il faudrait pour le nier admettre que les chefs
ne se trompent jamais en matière grave, ou bien
que leurs fautes, si énormes qu'elles soient,
sont moins périlleuses à suivre que le refus
par lequel l'autorité serait détruite. Et cela sans
aucune exception possible, la brèche une fois

ouverte admettant une suite indéfinie d'exceptions.

Donc, si Dumouriez fait défection après sa défaite de Nerwinde, il faut que les troupes françaises, admirables de discipline, se livrent aussi aux Autrichiens. Napoléon punit de la capitulation de Baylen jusqu'aux lieutenants du général Dupont, coupables de n'avoir pas désobéi par honneur et patriotisme. Si, dans la nuit du 21 mars 1804, un officier français se fût rencontré pour déclarer qu'il se battait mais n'assassinait pas, s'il eût pris sur lui d'arrêter le dénoûment du drame de Vincennes, ce n'est pas seulement au dernier des Condé qu'il eût rendu service. En août 1870, sous les murs de Metz, un maréchal de France, à la tête d'une armée nombreuse et aguerrie, balance par un hasard unique les forces allemandes ; mais par incapacité, indifférence, égoïsme ou parti pris, il laisse d'abord échapper le succès dans les grandes journées de Rezonville et Saint-Privat, puis il s'annihile délibérément, interdit tout effort, signe la capitulation comme une délivrance. Que faisaient ces maréchaux, ces généraux, dont quelques-uns étaient les égaux du chef ? Ils pratiquaient l'obéissance passive, autrement dit gémissaient et se taisaient. Et que voulait le salut de la France ? Qu'ils fussent hommes d'initiative, au besoin indisciplinés, comme il faut l'être dans toutes les circonstances critiques où la soumission, devoir normal, cède à la nécessité de la suprême loi. Ils devaient interroger, sommer le chef oublieux, épier les signes de sa quasi-trahison, au besoin opérer un coup d'État militaire et le destituer, car cela même est permis à qui le justifie par l'évidence du bon droit. Cessons donc de faire dire au règlement militaire cette énormité, que, jusqu'à la capitulation de Metz inclusivement, il tient pour la discipline, « force principale des armées ».

Le souci de l'intérêt français laisse de la marge à la rébellion et nul ne sera moins bon soldat parce qu'il aura défendu à ce prix son légitime honneur. Car cette discipline, la bonne, la vraie, la force principale des armées, quelle est-elle donc enfin ? Elle est intérieure avant d'être réglementaire, elle est volontaire avant d'être une contrainte légale, elle fait appel au devoir avant de menacer du châtiment. Elle naît chez les âmes élevées de la présence des plus nobles vertus de l'esprit et du cœur, intelligence, amour, enthousiasme, patriotisme, bravoure, sacrifice, portés au plus haut degré d'abnégation personnelle.

Ainsi disposée, la discipline n'est que la résultante spontanée de nos qualités propres, dure discipline, mais consentie, féconde celle-là, **par** laquelle les forces se soutiennent et se **décu-** plent. Supprimons sa cause héroïque, mettons à la place une obéissance sans soutien, outrée mais amorphe, nous n'obtiendrons ni valeur, ni force, ni intelligence. Supposons maintenant ces qualités, il y aura toujours et comme automati- quement assez de cette obéissance qui rend l'armée capable de son plus grand effort.

L'on se demanderait même si, la présence des premières vertus militaires étant assurée, il n'y aurait pas quelque abus à forcer artificiellement le ressort de l'obéissance. Leur libre épanouis- sement ne pourrait qu'être gêné sans autre profit. L'armée de Metz ne nous a-t-elle pas ainsi donné le déplorable spectacle d'une bravoure et d'un patriotisme restés inemployés ? Pendant ce temps l'armée allemande, patriote aussi et certes disciplinée, était cependant formée d'une autre méthode. On passait aux officiers les actes d'indé- pendance, afin de leur enseigner l'initiative et l'audace. Ils mirent la leçon en pratique et les faits ont décidé de la supériorité des deux systèmes.

Bref, pour juger du point de vue patriotique la conduite des officiers catholiques, la question n'est plus que de savoir si de certaines déso- béissances excluent ou n'excluent pas ces qualités morales qui font l'homme de guerre. L'opinion du pouvoir qui les frappait fut de suite très affirmative : d'ailleurs les accuser, n'était-ce pas travailler à se justifier soi-même ? Ils furent donc, pour M. Clémenceau et sa presse, de mauvais Français fanatisés par Rome jusqu'à oublier le devoir et la patrie. Et dans un parallèle plein de goût l'on n'hésita pas à confondre les opinions catholiques et l'internationalisme de M. Hervé.

Bornons-nous ici à une très courte remarque. S'il plaît à M. Clémenceau de voir partout un même effet, la révolte, nous distinguons, nous, la cause, les motifs, le but, et il nous semble que les hervéistes distinguent aussi. La désobéissance, ils la prêchent par esprit d'avilissement et de destruction de l'armée ; nous la voulons, nous, pour garder la patrie, la conscience et l'honneur. Comme nous les désavouons, ils ne nous aiment guère non plus, car ils savent que l'attitude des catholiques ne leur fournit point d'argument. Ceux-ci aiment l'armée, ne l'affaiblissent point, ne la déshonorent point. Nos adversaires, chez qui l'anticléricalisme soutient l'antimilitarisme, seraient bien mieux satisfaits par une obéissance sans dignité. Et voilà pourquoi, très logiques avec leur double passion, ils sont contre les officiers catholiques pour la soumission et pour la loi. Les fanatiques de l'insubordination font chorus avec un pouvoir fanatique de la soumission à tout prix et, par une alliance très ordinaire, l'anarchie protège la tyrannie. Semblables au gouvernement, les hervéistes, avant les principes, ont des passions et des haines.

Revenons à notre accusation. Pour se garder d'oser de pareilles calomnies, il semble qu'il ne soit pas même nécessaire d'être impartial, tant il suffit de se respecter soi-même. Voilà bien longtemps que, par des preuves héroïques et par des sacrifices sanglants, il a été prouvé qu'être Romain c'était être Français aussi. Devant une porte d'église ou les murs d'un couvent des officiers ont eu peur : on n'en peut conclure qu'ils seraient lâches devant l'ennemi et devant la mort, car un homme de cœur n'est incapable que de la première bravoure.

Mais il faut aller plus loin. Comme l'a expliqué avec une compétence indiscutable M. le général Donop (1), le danger réel, celui dont l'épreuve de 1870 ne nous a pas sûrement guéris, c'est un état d'engourdissement et d'atonie qui nous fait attendre la consigne, redouter les initiatives, fuir les responsabilités. L'habitude

(1) *Action Française,* février-mars 1907.

d'une trop grande passivité crée ces défauts et sans les compenser : au total, la résignation, vertu très peu guerrière, n'est pas le but de la formation militaire.

Les deux cent mille Turcs qui en 1683 assiégeaient Vienne auraient été des parfaits gendarmes qui, sur un signe de leur sultan, eussent exterminé une province. Ils ne cédèrent pas moins devant les vingt-cinq mille Polonais de Sobiéski qui, eux, ne passèrent jamais pour disciplinés. La Pologne et la Turquie ont payé les excès de leurs défauts contraires : l'une est partagée, mais l'autre continue sa décadence. Laquelle cependant a le droit d'escompter une résurrection ? Pendant l'expédition d'Egypte, Bonaparte, Kléber, Desaix dispersèrent sans peine la multitude des Mamelucks et des Turcs. Les troupes françaises n'étaient pas toujours des modèles de patience, leurs chefs étaient volontiers incommodes et querelleurs, et quant au jeune généralissime, il s'apprenait à dire aux directeurs et aux assemblées la manière dont il concevait la soumission. Mais, de lui au soldat, tous avaient le patriotisme, l'amour de la gloire, la bravoure et la confiance, par conséquent la discipline.

De même nous plaît-il de supposer que des soldats capables de résister par devoir seraient à la guerre des hommes d'initiative, de résolution, d'audace, sachant accepter les responsabilités, au besoin rectifier les ordres. Le jour où cet esprit aura pénétré l'armée française, nous serons défendus par une force telle que notre patriotisme ne craindrait aucun ennemi. Là ne germeraient jamais l'antipatriotisme, l'antimilitarisme et la lâcheté. C'est pourquoi nous souhaitons dans ses rangs beaucoup de Saint-Rémy, de Hery, de Portier, de Boisfleury. Ces courageux Français, saluons-les encore, non pas seulement comme les victimes d'une tyrannie malfaisante, mais comme des exemples de la discipline vraie et le meilleur espoir de notre relèvement.

IV

Opinions catholiques sur la résistance à la tyrannie.

L'enseignement catholique sur l'étendue des obligations dues par les peuples à leurs souverains mérite l'attention, tant par l'intérêt du sujet que par l'autorité de l'institution enseignante. Les croyants y cherchent une direction de pensée et de conduite, les rationalistes doivent y reconnaitre une doctrine considérable, et les malveillants eux-mèmes ne sauraient ignorer la matière exploitable de leurs critiques. Cependant il est peu de systèmes dont on discute avec une pareille méconnaissance ; ce que l'on blâme, ce que l'on approuve, c'est souvent ce que l'on prétend faire dire au catholicisme qui ne l'a jamais dit.

Sur la légitimité de la révolte au cas de tyrannie insupportable, nous dirons qu'il n'y a pas dogme ou article de foi. Le célèbre Syllabus de Pie IX condamne à la vérité la proposition suivante : « Il est permis de refuser obéissance aux princes légitimes et même de se révolter contre eux » (63e).

Mais quand on verrait dans la parole pontificale un document *ex cathedra,* nulle conclusion ferme n'en pourrait être tirée en faveur de la soumission à tout prix. Car il faudrait établir que dans le devoir de soumission aux princes, l'hypothèse de tyrannie a été envisagée et comprise ; or il est certain que cette objection essentielle n'a pas été posée. Donc elle a été réservée. Il n'y a plus alors que l'affirmation d'une évidence, c'est-à-dire que les citoyens sont tenus de se conformer aux lois et cela beaucoup le croient qui sont loin de partager les idées du Syllabus. Il en va de ce texte comme de tant d'autres du même document : le sens n'est clair qu'en apparence et quiconque ne se défierait pas de cette simplicité risquerait une fausse interprétation.

Il n'est personne, pas même un incrédule, qui puisse opposer Léon XIII à Pie IX s'il est vrai que le futur pape ait été le conseiller et le promoteur du Syllabus. Or Léon XIII, dans l'encyclique *Libertas* (1888) où il n'entend pas désavouer son prédécesseur, c'est-à-dire lui-même, déclare « qu'il n'est pas interdit d'affranchir son pays d'un despote ou d'un étranger pourvu que les règles de la justice ne soient pas violées ». Si une conclusion pouvait être tirée, elle serait plutôt encourageante pour la révolte. Contentons-nous seulement de reconnaître que la doctrine des encycliques ne la prohibe point.

Si le dogme est réservé, par contre le problème est de ceux que les philosophes chrétiens ont aimé à discuter. Qui donc d'ailleurs aurait été mieux qualifié par la disposition de l'esprit et le caractère des études ? Quand des docteurs de l'Eglise, des théologiens moralistes, voire même des écrivains laïques, mais faisant œuvre d'apologistes et gardant un bon renom d'orthodoxie, forment une majorité nombreuse en faveur d'une doctrine, ils n'expriment ni l'article de foi, ni nécessairement la science catholique. Mais aux yeux de l'opinion il est inévitable qu'ils engagent en bien comme en mal la responsabilité de l'Eglise dont ils se disent les disciples. Et celle-ci par le fait de l'importance qu'elle attache à l'autorité de la tradition et des écrits orthodoxes est loin de désavouer cette appréciation.

Considérons donc les opinions théologiques sur le droit de résistance à la tyrannie. C'est en faveur de l'affirmative que décident les représentants les plus qualifiés et les plus nombreux. Si nous suivions la tendance naturelle qui porte à définir les idées d'une école par les idées moyennes de ses membres, nous devrions dire que la doctrine de l'Eglise tient pour la légitimité de la révolte. Saint Thomas, Suarez, Molina, Lessius, Fénelon, Balmès, Ventura, parmi les plus célèbres, conviennent, les uns avec beaucoup d'énergie, d'autres avec plus de timidité, que les sujets ne sauraient raisonnablement être désarmés contre tous les excès de la tyrannie (1). M. l'abbé Gaudeau, en une série de leçons faites à l'Institut d'Action française, vient d'exposer éloquemment la *Théorie catholique de l'Obéissance,* d'après les maîtres de la théologie et de la raison, faisant siennes leurs doctrines et méritant de joindre son nom à ces grands noms de la tradition.

(1) S. Thomas, *Summa theologica,* 2ª 2ᵃᵉ, quæst. ad tertium quæst. XCVI, art. 4 ; quæst. XCVII, art. 2 ; *De regimine principis,* lib. I, cap. vi ; Suarez, *De charitate, tractatus de bello,* disp. XIII, sect. viii ; *Defensio fidei,* lib. III, cap. ii et iii ; Molina, *De jure et justitia,* tract. III, disp. vi, n° 2 ; Lessius, *De jure et justitia,* lib. II, cap. ix, disp. iv, nᵒˢ 10 et 11 ; Balmès, *Du protestantisme,* ch. lvi ; Ventura, *Essai sur le pouvoir public,* ch. viii. — « Le peuple se révoltera tôt ou tard et Dieu s'en servira comme d'un instrument de sa justice pour châtier les méchants princes » ; Fénelon, *Essai philosophique sur le gouvernement civil,* 7, 10.

L'avis contraire cependant a ses partisans : à défaut du nombre, il s'autorise de l'éclatante illustration de Bossuet (1). C'est l'influence d'un gallicanisme exagéré qui l'inspire ; par conséquent il manque ici de qualité pour engager l'orthodoxie.

Mais des raisons plus fortes encore nous invitent à croire que si l'Eglise parlait solennellement elle ratifierait l'opinion de ses docteurs. Car ces opinions générales sont harmonieusement concordantes avec les règles de sa morale individuelle et sociale, avec ses conceptions sur l'origine et le rôle du pouvoir.

Ce qui nous donne à penser ainsi, c'est que la doctrine courante est avant tout une doctrine raisonnable. Quand les écrivains catholiques en discutent, ils sont philosophes bien plus que théologiens, en ce sens qu'ils n'empruntent point leurs arguments au surnaturel. C'est en vertu d'une critique toute rationnelle qu'ils préfèrent la légitimité de la révolte. Ils estiment et nous estimons que s'il est juste de ne pas contraindre le peuple à mourir de la tyrannie, cette vérité prouvée est impérieusement la vérité catholique. Et cette remarque a une portée qui s'étend à

______

(1) BOSSUET, *Politique,* VI, art. 2, prop. 5 ; Cinquième avertissement, XII et suiv.

toutes les questions morales. Il n'y a pas de morale catholique qui ne soit d'abord pleinement rationnelle, et plus la raison la démontre et l'admire, plus elle est catholique.

Cette loi morale telle qu'elle paraît à la raison quand la raison la reçoit entière, elle est immuable, elle est parfaite, elle est divine. Le catholicisme ne pourrait l'altérer ; s'il y ajoute des préceptes positifs, cette addition est plutôt apparente, car leur but est de nous en rendre plus facile la pratique définitive ; le plus souvent il se borne à la faire sienne en la reconnaissant et la déclarant, acte simple qui cependant a la valeur d'une révélation. La vision complète de cette loi dépassait-elle la puissance de la raison ? Toujours est-il que les plus grands génies n'en connurent que de belles parties, tandis que d'autres vertus morales ne furent jamais par eux ni pratiquées, ni conseillées, ni soupçonnées. Le christianisme alors les découvre et les enseigne par l'effet d'une force surnaturelle, mais non pas par des arguments surnaturels. Ils restent pleinement accessibles à la raison, à cette raison qui livrée à elle-même eût été incapable de les concevoir, mais qui les ayant reçus, les admet comme les plus beaux et les plus vrais.

Quand par exemple les docteurs disputent sur

les hypothèses où le meurtre n'est plus le meurtre, où le vol et le mensonge sont licites parce qu'il n'y a ni vol ni mensonge, ils essaient de trouver les solutions qui seront catholiques étant les plus judicieuses. Soutenus par des principes excellents, par une forte tradition et par l'habitude de ces discussions, les grands théologiens restent ainsi des maîtres profonds et sûrs de la morale humaine. Et parce que nous croyons à l'évidence du droit de révolte nous croyons aussi que l'opinion commune des théologiens, si fondée en raison, peut sans abus être appelée l'opinion de l'Eglise catholique.

Reste une objection très impressionnante aux yeux des esprits mal éclairés dont il ne faut pas toujours excepter les catholiques. Le pouvoir étant d'origine divine, on ne saurait attenter à la majesté de ses détenteurs sans violer l'ordre de Dieu. Objection qui devient une critique toutes les fois qu'il plaît à des adversaires d'accuser les croyants d'une résignation muette. Nous disons « quand il plaît d'accuser » parce que d'autres adversaires, ou peut-être bien les mêmes, signalent aussi facilement les catholiques comme des insubordonnés et des anarchistes avec leur mépris des lois positives et leur préoccupation d'obéir à Dieu plutôt qu'aux hommes.

Tenons-nous à la première difficulté. Ce qui

vient de Dieu, c'est le droit abstrait qu'ont des hommes de commander à d'autres, mais non pas la puissance concrète de tel homme particulier. Quant aux circonstances qui investissent les chefs du droit divin de commander, on ne peut que répéter ici ce que nous avons dit de la révolte : l'Eglise n'a pas de doctrine dogmatique et les théologiens qui en dissertent ne sont guidés que par des préférences rationnelles. Mais tandis que la raison humaine à notre sens démontre avec certitude la justice de certaines révoltes, le titre qui légitime la souveraineté continue de rester obscur et hypothétique. L'origine du pouvoir est un de ces problèmes qu'un esprit judicieux doit hésiter à trancher de confiance.

Quelques-uns mettent en Dieu non pas seulement le droit idéal du commandement, mais la désignation même des souverains. Seuls ils méritent d'être appelés partisans du droit divin du pouvoir. On attribue communément cette doctrine à Bossuet bien qu'il parle aussi de consentement populaire (1) ; cependant l'idée du

(1) « Il s'établit des rois ou par le consentement des peuples ou par les armes. » — « Le droit de conquête qui commence par la force se réduit au droit commun et naturel du consentement des peuples. » BOSSUET, *Politique*, livre III, art. 1 et conclusion.

Discours sur l'Histoire universelle ainsi que sa conclusion expliquent cette prévention. Elle est la doctrine de Fénelon, mais surtout de Joseph de Maistre et Bonald. Dieu dirige et dispose les événements humains de telle sorte qu'il les contraint à servir la prise de souveraineté de ceux que, dans sa Providence, il a choisis comme chefs de peuples.

Quelque idée que s'en fasse le vulgaire, cette théorie serait fort acceptable si elle se bornait à reconnaître, d'une manière mystérieuse et impondérable, l'action divine dans la conduite des choses humaines ; mais elle a le défaut, peut-être plus apparent que réel, d'exagérer cette action, d'en mesurer la nature et l'étendue qui nous échappent, d'absorber ainsi la liberté humaine dans la Providence et d'introduire dans l'histoire une manière de fatalisme.

Pourtant au seul point de vue qui est le nôtre, elle n'offre aucune des conséquences effroyables que l'imagination populaire lui suppose. Est-on favorable au droit de révolte ? Ce n'est pas du droit divin que viendra l'obstacle. Le représentant actuel du pouvoir est voulu de Dieu, mais non pas exclusivement et pour toujours, car si demain un autre le dépossède, celui-ci est le résultat d'événements voulus et conduits par Dieu, donc de droit divin au même titre. Inversement la révolution qui l'élève a renversé son prédécesseur, donc la chute de cet élu de Dieu est providentielle. Dans cette opinion fataliste on est conduit à justifier comme un décret divin toute révolte couronnée de succès. Un pareil espoir accompagnant toujours ceux qui entreprennent un mouvement séditieux, les rebelles sont invités en somme à réussir. Conclure de la sorte, c'est conclure libéralement. Et de fait, l'on ne voit pas que les tenants du système, Bossuet étant toujours excepté, interdisent la révolte.

L'ignorance générale, prompte à s'effaroucher d'un mot clérical, n'accepte pas tant de simplicité. Ce qu'elle retient seulement, c'est que le droit divin est la théorie officielle de l'Église : première erreur et grosse erreur, puisqu'il n'est défendu que par un assez petit nombre de catholiques. Autre erreur encore plus grave : on entend sous son nom des choses qui n'ont jamais été dites, mais en revanche, que d'incroyables choses ! Essayez, ce qui est facile, de rencontrer un homme de progrès, adversaire du fanatisme religieux : du droit divin il vous conte à peu près que l'élu de Dieu, désigné par une sorte de manifestation extraordinaire et surnaturelle de sa volonté, est un personnage sacré, délégué et dépositaire de sa puissance, unique, hérédi-

taire, et quoi qu'il fasse omnipotent et irrespon-
sable devant ses sujets. Le refus de toute révolte,
telle est donc la conclusion de cette théorie,
interprétée par ceux qui se donnent le plaisir
de l'inventer, de la ridiculiser et de la pour-
fendre.

Conclusion d'ailleurs aussi inventée que les
prémisses. Comme jamais personne n'a soutenu
un aussi étrange système, ils n'ont pas à craindre
la contradiction des intéressés : et pourtant
même en admettant cette origine hypothétique
du pouvoir, en bonne logique la révolte ne
devrait pas être interdite contre l'élu et le
représentant surnaturel de Dieu. Objecte-t-on
que toucher à cet être auguste, c'est enfreindre
une loi divine ? Nous répondrions, si nous
osions employer un langage aussi singulier,
qu'il est une autre loi divine plus grande et
plus certaine, antérieure et supérieure à celle
que Dieu fit en donnant aux peuples un souverain. C'est cette immuable loi morale qui per-
met à l'homme de se défendre contre toute agres-
sion violente et injuste. Elle serait contredite,
anéantie, si une seconde loi de Dieu nous pres-
crivait la soumission à son élu devenu un abominable tyran. Plutôt que de jamais admettre
cette inconséquence, nous dirons sans crainte
que la loi morale nous protège à titre égal contre

tous les tyrans, y compris les tyrans de droit divin.

Bien ou mal entendues, toutes ces théories sont impopulaires. La popularité est allée à une autre doctrine qui est celle de la souveraineté nationale. C'est par un consentement général des peuples que la tradition catholique justifie aussi la possession originelle du pouvoir. Comprise d'une manière raisonnable, la souveraineté du peuple reste l'hypothèse la plus plausible qui ait été fournie de la légitimité. Nous faisons cette réserve parce qu'il y a des abîmes entre les diverses manières dont l'interprètent ses fidèles.

La thèse de saint Thomas n'est en rien celle de Rousseau et les modernes constitutionnels se tromperaient naïvement s'ils se croyaient les disciples de celui-ci.

Pour nous en tenir à l'influence de cette théorie sur le droit de révolte, elle ne peut lui être défavorable. Les mêmes théologiens généralement admettent l'une et admettent l'autre. Ils inclinent naturellement à expliquer la révolte par la volonté populaire redevenue souveraine. La nation a entendu se choisir des gouvernants et non pas des tyrans : ceux-ci ayant rompu leurs engagements, elle exécute ses commettants par droit de cette souveraineté éminente qu'elle n'a jamais aliéné tout à fait. Dans ce système la révolte est moins une illégalité révolutionnaire que la pratique anormale de la souveraineté du peuple.

Simple et plausible est cette justification. Seule pourtant, elle ne suffirait pas, car elle aboutirait à une conséquence qui est bien admise par Rousseau et beaucoup d'autres, mais non par les théologiens catholiques. La volonté populaire n'étant jamais que celle exprimée ou sous-entendue du plus grand nombre, le droit de révolte devrait être logiquement refusé dans le cas où les opprimés ne sont que la minorité. Et ce cas est de beaucoup le plus fréquent, on pourrait dire le seul pratique. Les pouvoirs ne se passent guère la fantaisie de sévir contre les masses : il faudrait avoir perdu le sens de la conservation pour détruire ainsi ses appuis. Mais, contre les minorités, les excès se commettent fréquemment et impunément. Loin de les protéger le principe alors agit positivement contre elles. Quel droit de secouer la tyrannie, quel fondement à leur révolte, ayant comme ennemi non plus un pouvoir quelconque, mais la souveraineté d'une majorité populaire qui veut le maintien de l'oppression ?

L'argument est prestigieux dans un temps où le respect de la majorité et de la loi tient de l'idolâtrie. C'est ici qu'il importe de rappeler le véritable fondement de la révolte, et l'objection s'évanouira. La révolte, c'est l'exercice du droit de défense, indépendant du nombre, permis sans la majorité et contre la majorité même. La souveraineté du nombre n'a ni plus ni moins de pouvoirs et de devoirs et, quand elle est oppressive, pareille au monarque de droit divin, elle n'est pas inviolable. Dire cela, ce n'est pas attenter au dogme populaire : il est entendu que le peuple est reconnu souverain légitime, tandis que la minorité est sujette. Mais il arrive que les sujets violentés, poussés à bout, s'insurgent contre la légitimité, soit pour la déplacer à leur profit, soit pour lui imposer la tolérance, soit enfin faute de mieux pour succomber en se défendant.

Ne terminons pas toutefois sans signaler certaine tendance chez les docteurs et publicistes catholiques. Ils soutiennent généralement la légitimité de la résistance, c'est le bon sens et c'est l'essentiel. Pourquoi faut-il qu'ensuite un certain nombre, surtout parmi les récents, éprouvent comme un regret de leur audace, se prennent à craindre les conséquences possibles, et par des réserves timides, par une casuistique embarrassée, tendent à enlever au principe sa portée pratique ? Visiblement l'image de l'autorité les fascine, la soumission est le centre attractif de leurs idées, leurs écarts sont accompagnés d'excuses.

Un personnage du Télémaque assure qu'il restera sujet fidèle de l'abominable roi de Tyr dont il vient de narrer les cruautés. Si Fénelon ne rêve point et s'il fait de la politique sérieuse, quand donc sera-t-il permis d'user du droit de défense (1) ? Saint Alphonse de Liguori, s'il n'est profond théologien, est un esprit juste et un bon vulgarisateur : sa doctrine est moyenne, raisonnable et orthodoxe. Il ne veut pas cependant qu'il soit permis d'attaquer le tyran qui menace notre vie, quand notre vie est inutile à l'Etat, tandis que notre tyran défend le bien public.

En face de cet immense péril, c'est exiger vraiment trop de réflexion et d'abnégation : il serait excessif de nous persuader que notre ennemi est le protecteur du bien général, mais le protège à nos dépens après nous en avoir mis hors.

De même aujourd'hui est-il beaucoup de catholiques qui oseraient, sans timidité et sans restriction, soutenir les droits des sujets contre les injustices du prince ? Nous les convions à cet acte de courage intellectuel. Contre la multitude

---

(1) Ailleurs, il combat nettement le droit de révolte. — *Essai sur le gouvernemment civil*, vii, **10**.

des adversaires, le pouvoir par égoïsme, les masses par ignorance, les théoriciens par fausse logique, c'est principalement aux catholiques modernes, soutenus par les traditions des grands maîtres, qu'il appartient de dire la vérité avec force, briser l'idole de la loi, conquérir l'opinion et jusque dans notre XXe siècle opérer une délivrance des esprits et des volontés.

TABLE DES MATIÈRES

215-08. — Imp. des Orph.-Appr., F. Blétit, 40, rue La Fontaine, Paris-Auteuil.